L'APOLLON
MODERNE.
ou
Principes, Exemples
et Leçons de Musique.
Gravé par Meunier Graveur du Roy 1780
A LYON

PRINCIPES, EXEMPLES ET LEÇONS DE MUSIQUE

Valeurs des Notes

Exemple 1.re

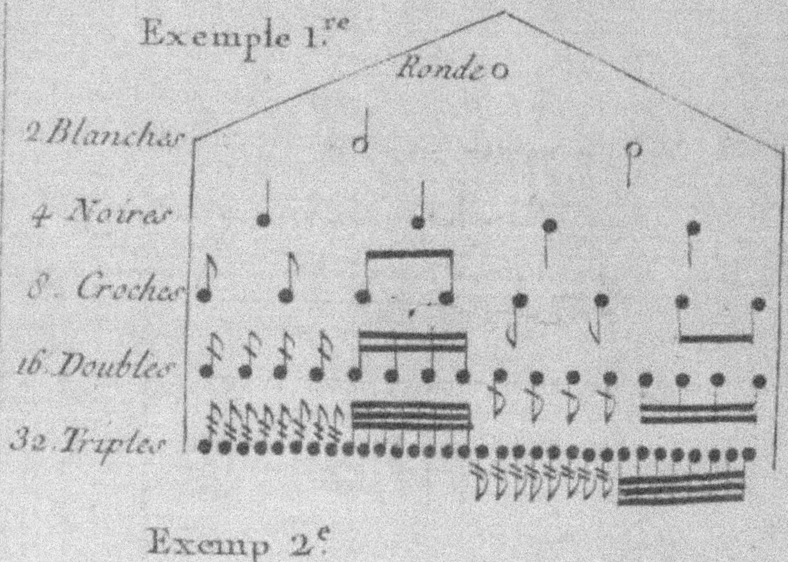

Exemp 2.e

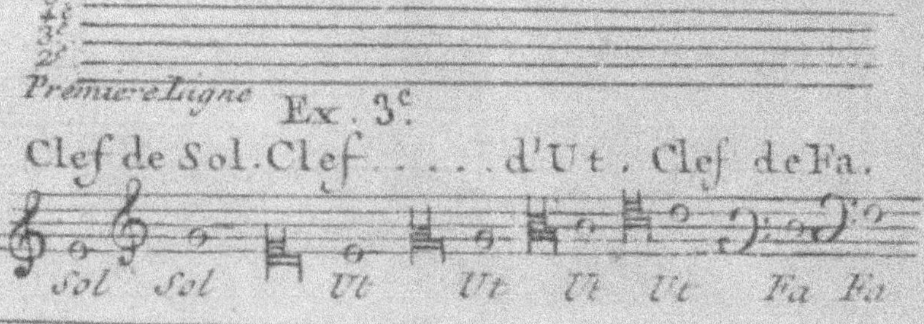

Les 8 Notes *qui composes* **l'Octave** *contiennent cinq tons et deux demi-tons, et pareille gradation des Notes soit en montant ou descendant s'appelle* **Echelle** *Diatonique ou la* **GAME**

Notes par intervales
Exem. 6.e

Un Point après chaque Note fait soutenir sa Note qui le precede une moitié en sus de sa valeur Stricte.

Exem. 7.e

Signes de silence de repos et l'equivalent.

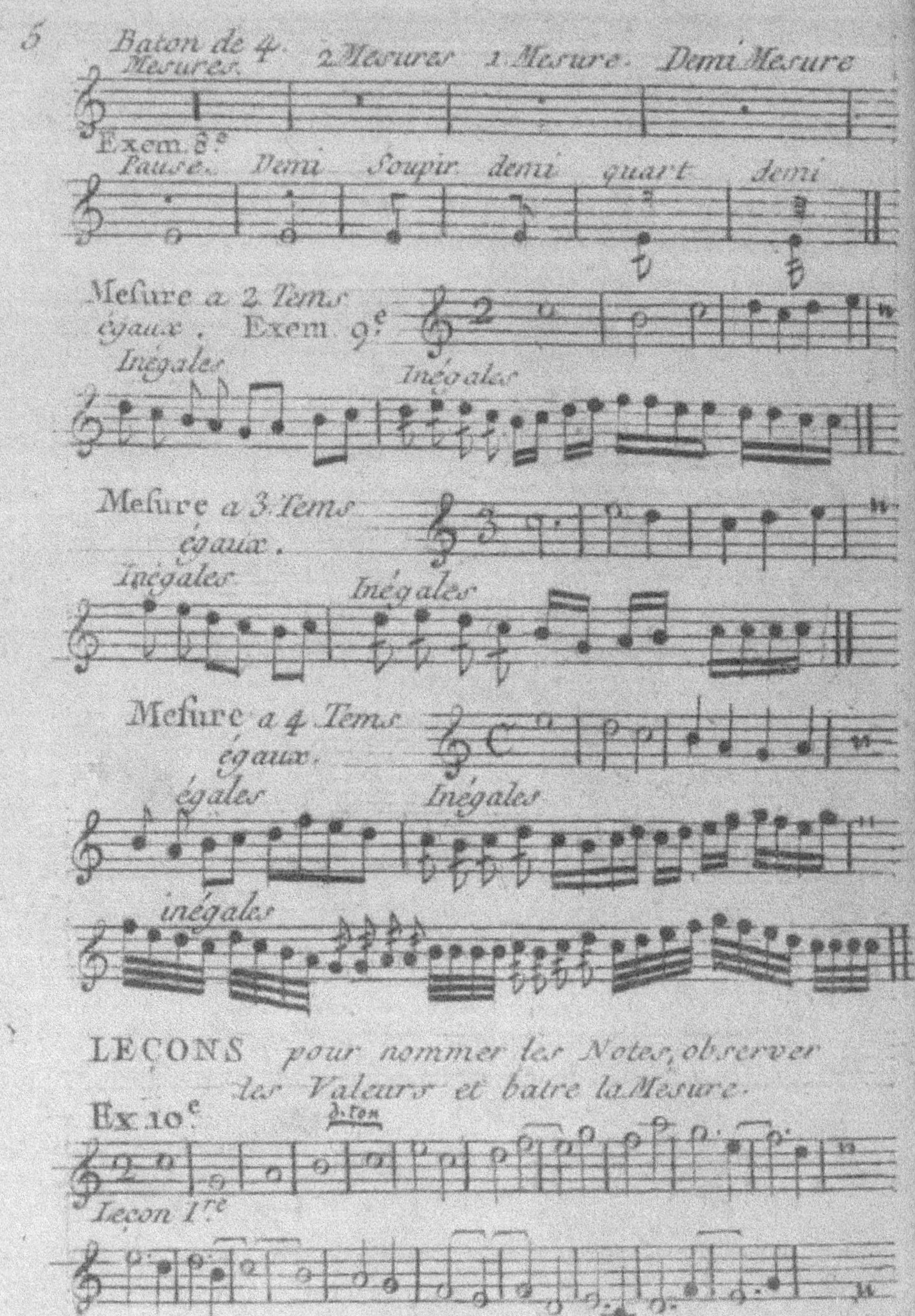
Baton de 4. Mesures.
2 Mesures
1 Mesure.
Demi Mesure
Exem. 8.e
Pause.
Demi
Soupir
demi
quart
demi
Mesure a 2 Tems égaux. Exem 9.e
Inégales
Inégales
Mesure a 3 Tems égaux.
Inégales
Inégales
Mesure a 4 Tems égaux.
égales
Inégales
inégales
LEÇONS pour nommer les Notes, observer les Valeurs et batre la Mesure.
Ex. 10.e
Leçon I.re

Lecon 2.e
Lecon 3.e

Leçon 4e
Leçon 5e
Leçon 6e

Leçon 7e

Lecon 8e

Leçon 9e

Leçon 10e

Leçon 11e

LES Mouvemens qui dérivent de la Mesure a deux Tems sont La Mesure a 2 Tems lent qui se marque par un ₵ barré et les Mesures composées a 2 quatre et 6 huit.

LES Mouvemens qui dérivent de la Mesure a 3 Tems, sont la Mesure a 3. Deux a 3. Quatre et a 3. Huit

inégales inégales
3 Quatriemes de Ronde pour la Mesure ou la Valeur,
Composée
inégales inegales
3 Huitiemes de Ronde pour la Mesure ou la Valeur,
Composée
égales
inégales inégales
Mouvemens qui dérivent de la Mesure a 4 Tems,
4 Tems léger.
égales
égales inégales inégales
12 Huitiemes de Ronde pour la Mesure ou la Valeur.
Composée
égales inégales

Des Diezes, Bémols, et Bequares.

Le Dieze,♯ fait hausser la Note d'un demi ton, Le Bémol,♭ fait baisser la Note d'un demi ton, et le Bequart,♮ remet dans le ton naturel, les Notes qui ont été altérées par le dièze, ou bémol.

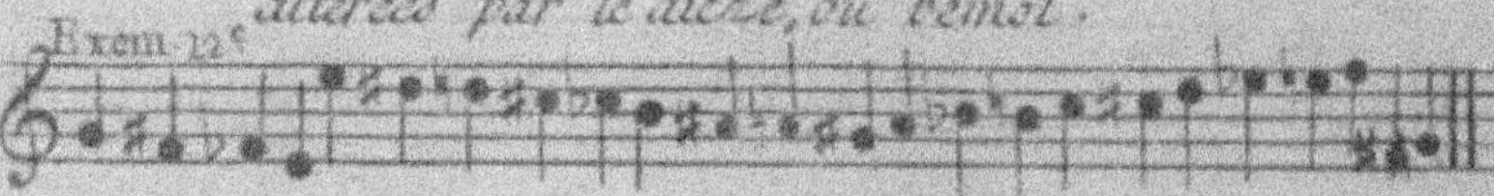

L'Ordre qu'il faut observer pour la position des diezes ou bémols a la clef, comme sur toutes les differentes positions de Clefs.

Exemp 13e.

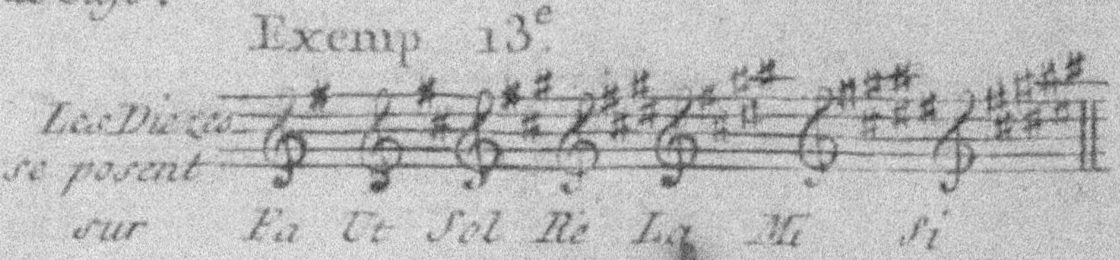

Les Bequarts, *peuvent remettre en ton naturel dans ce même Ordre, toutes les Notes altérées, par ces diezes ou bemols, mais les béquarts, ne sont pas moins inutils, et ne prevallent que par l'usage.*

Game Mineure

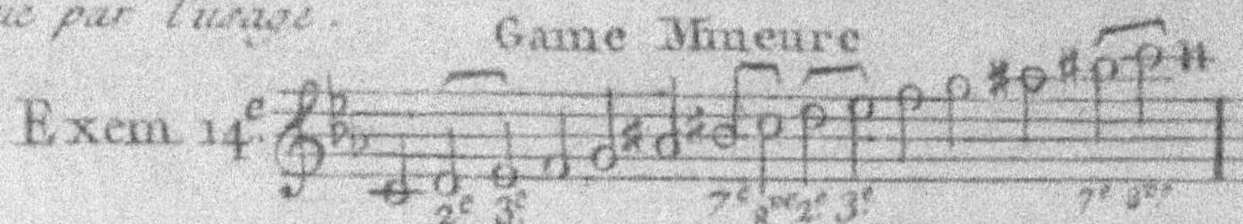

Les deux demi-tons, en montant sont de la 2e a la 3e Note, et de la 7e a 8ve mais en décendant les deux demi tons, sont de la 6e a la 5e Note, et de la 3e a la 2e et semblablement en tous modes, ou tons Mineurs.

Les 12 Modes *ou Tons Majeurs. Les 12 Modes ou Tons Mineurs, et se pratiquent sur toutes les differentes positions de Clefs.*

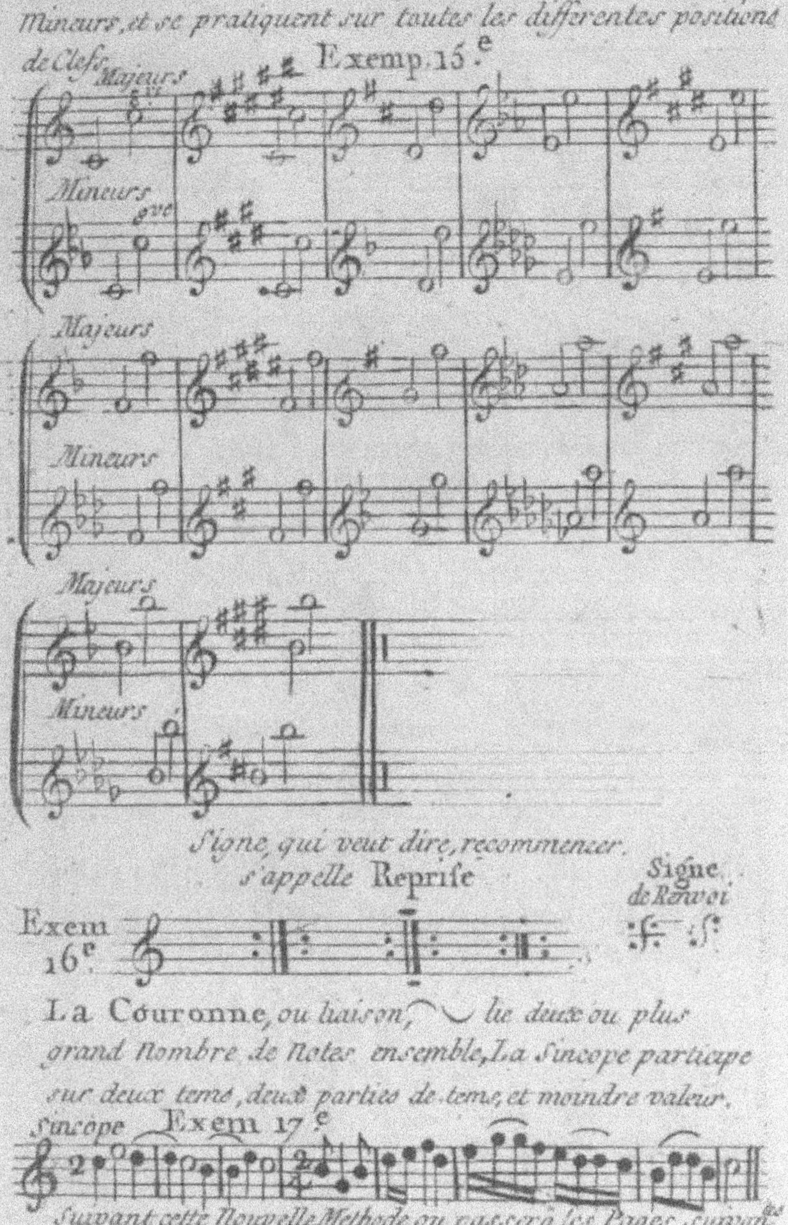

Signe, qui veut dire, recommencer. s'appelle Reprise

Signe de Renvoi

Exem 16e.

La Couronne, *ou liaison,* ⌢ ⌣ *lie deux ou plus grand Nombre de Notes ensemble, La Sincope participe sur deux tems, deux parties de tems, et moindre valeur.*

Sincope Exem 17.e

Suivant cette Nouvelle Methode, on passera les Pages suivan.tes 15. 16. 17. 18 et l'on continuera comme il est dit.

Pour apprendre les Notes, sur toutes les positions des Clefs, et suivant la nouvelle Méthode sur la seule Clef de Fa, à la 4e ligne No. 6e.

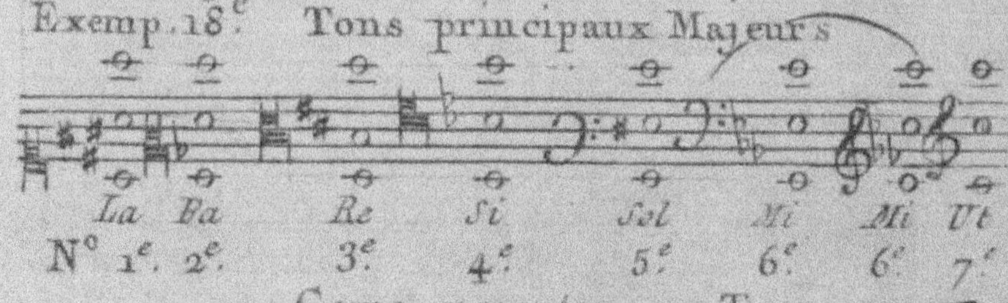

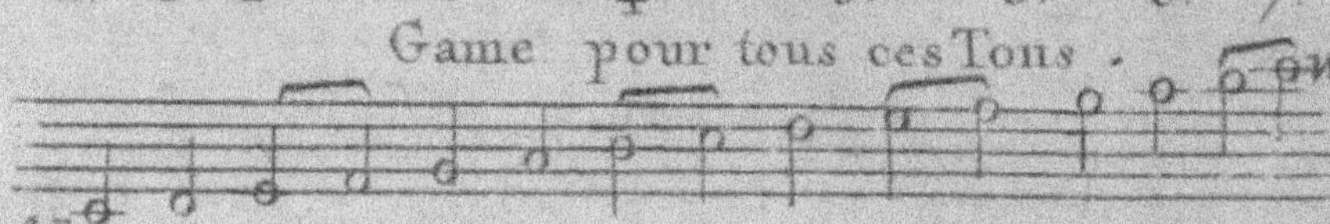

No 1er La Si Ut Re Mi Fa Sol La Si Ut Re Mi Fa Sol La
2e Fa Sol La Si Ut Re Mi Fa Sol La Si Ut Re Mi Fa
3e Re Mi Fa Sol La Si Ut Re Mi Fa Sol La Si Ut Re
4e Si Ut Re Mi Fa Sol La Si Ut Re Mi Fa Sol La Si
5e Sol La Si Ut Re Mi Fa Sol La Si Ut Re Mi Fa Sol
6e Mi Fa Sol La Si Ut Re Mi Fa Sol La Si Ut Re Mi
7e Ut Re Mi Fa Sol La Si Ut Re Mi Fa Sol La Si Ut

Ce No. 7e. est la Game *naturelle et le Modèle.*

La Sol Fa Mi Re Ut Si La Sol Fa Mi Re Ut Si La
Fa Mi Re Ut Si La Sol Fa Mi Re Ut Si La, Sol, Fa
Re Ut Si La Sol Fa Mi Re Ut Si La Sol Fa Mi Re
Si La Sol Fa Mi Re Ut Si La Sol Fa Mi Re Ut Si
Sol Fa Mi Re Ut Si La Sol Fa Mi Re Ut Si La Sol
Mi Re Ut Si La Sol Fa Mi Re Ut Si La Sol Fa Mi
Ut Si La Sol Fa Mi Re Ut Si La Sol Fa Mi Re Ut
= des autres Games,

Tons principeaux Mineurs

Ex. 19^e

fa re si sol mi ut ut la

N° 1^r 2^e 3^e 4^e 5^e 6^e 6^e 7^e

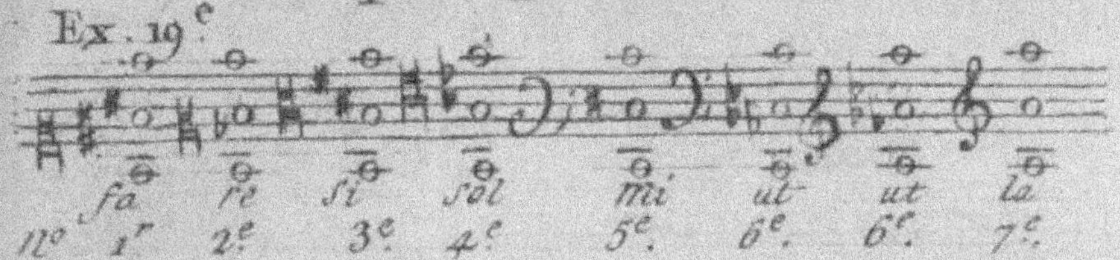

Game *pour tous ces Tons*

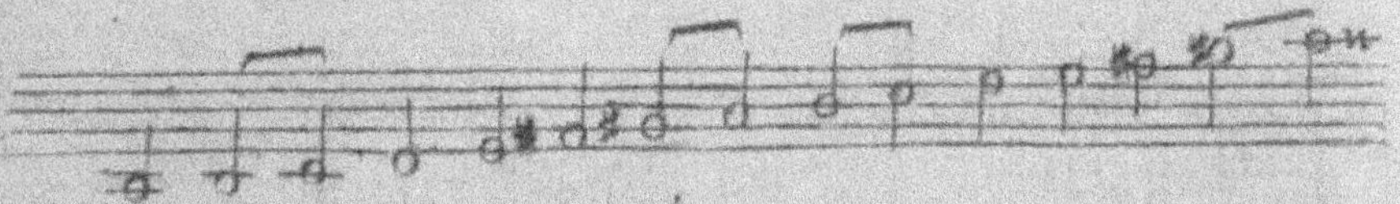

1^r Fa Sol La Si Ut Re Mi Fa Sol La Si Ut Re Mi Fa
2e Re Mi Fa Sol La Si Ut Re Mi Fa Sol La Si Ut Ré
3e Si Ut Re Mi Fa Sol La Si Ut Re Mi Fa Sol La Si
4e Sol La Si Ut Re Mi Fa Sol La Si Ut Re Mi Fa Sol
5e Mi Fa Sol La Si Ut Re Mi Fa Sol La Si Ut Re Mi
6e Ut Re Mi Fa Sol La Si Ut Re Mi Fa Sol La Si Ut
7e La Si Ut Ré Mi Fa Sol La Si Ut Ré Mi Fa Sol La

Ce N° 7e est la Game naturelle et le Modéle.

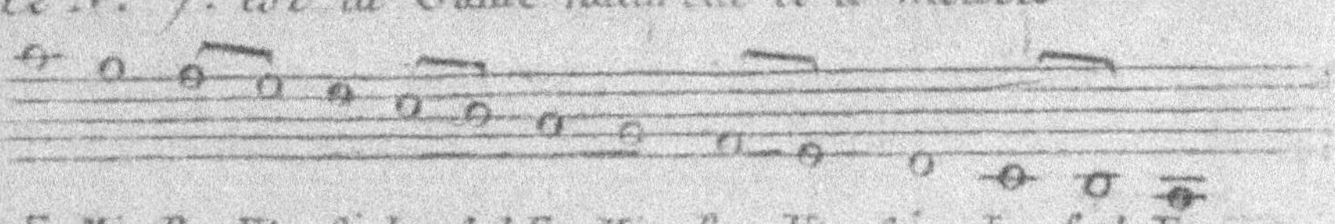

Fa Mi Re Ut Si La Sol Fa Mi Re Ut Si La Sol Fa
Ré Ut Si La Sol Fa Mi Ré Ut Si La Sol Fa Mi Ré
Si La Sol Fa Mi Re Ut Si La Sol Fa Mi Re Ut Si
Sol Fa Mi Re Ut Si La Sol Fa Mi Ré Ut Si La Sol
Mi Re Ut Si La Sol Fa Mi Re Ut Si La Sol Fa Mi
Ut Si La Sol Fa Mi Re Ut Si La Sol Fa Mi Re Ut
La Sol Fa Mi Ré Ut Si La Sol Fa Mi Ré Ut Si La
des autres Games

LEÇONS, sur toutes les positions de Clefs dans chaque ton Majeur la, fa, re, si, sol, mi, ut. et seulement pour cette Nouvelle Methode sur la Clef de fa à la 4e ligne en mi trois be mols à la Clef

Ex. 21.e Tons principeaux Majeurs

Leçon *pour tous ces Tons, et seulement sur la Clef de Sol a la 2.e ligne et de Fa sur la 4.e pour la Nouv.le Methode.*

Ex 22e Tons principeaux Mineurs
fa re si sol mi ut la
Leçon pour tous ces tons, et seulement sur la Clef de Sol a la 2e
ligne et de Fa a la 4e pour la Nouvelle Methode
3

Ex. 23e

Pour apprendre la Musique sur la Clef de Fa, conformement a cette N
Methode toutes les Leçons suivantes et celles a chanter se transcriront
transposeront sur cette Clef une quarte au dessous, c'est a dire, une Le
en Ton Ut Majeur se transposera en Sol Majeur, Re en Fa, Mi en
&c &c. semblablement en ton Mineur, exemple a cet effet

Leçon
Leçon

LECONS pour battre la Mesure dans tous les mouvemens où sont rassemblés tous les Principes, et conformement a cette nouvelle Methode on ne fera que parler les Notes sans les chanter jusqu'a la page 35.

Lecon 20

Leçon 21.e

Leçon 22.e

Leçon 23.e

Leçon 24e

Leçon 25.e

Leçon 26.e

Lesson 27th

Leçon 28.e

Leçon 29.e

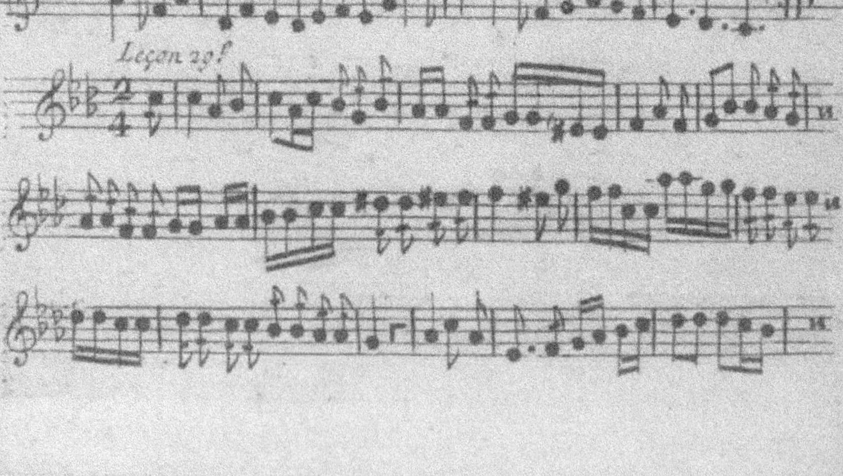

Leçon 3e

Leçon 31.e
Leçon 32.e
Fin

Leçon 33.e
Mineur
Fin
Au Premier

Lecon 34.e

Lecon 35.e

Lecon 36e

Leçon 37e
Leçon 38e
Leçon 39e
Leçon 40e

Reduction de la Musique

sur la Clef de Fa a la 4e. ligne et celle de Sol sur la 2de ligne

Game *pour les Instrumens et ou toute espece de voix y trouve son étendüe*

L'on peut suprimer la plus part des lignes ajoutées d'en haut en notent une Octave plus bas, et écrivant octave comme ci dessous avec une ligne en zigzague tant que dure le passage haut

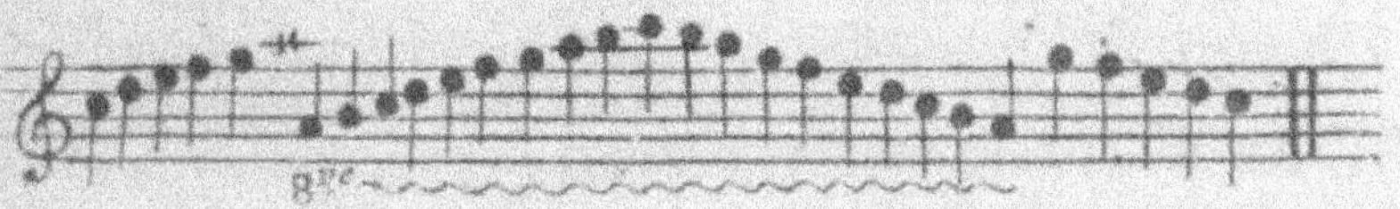

LEÇONS qui ne servent que pour la Culture de l'Oreille par le secour du Violon et l'on se conformera a ce qui est dit a leur Article imprimé cy devant.

3ce 4te
4e Leçon
5e Leçon
6e Leçon
4te 5te
7e Leçon

8e Leçon
5te 6te
9e Leçon
10e Leçon
6te 7e
11e Leçon
12e Leçon
7e 8ve

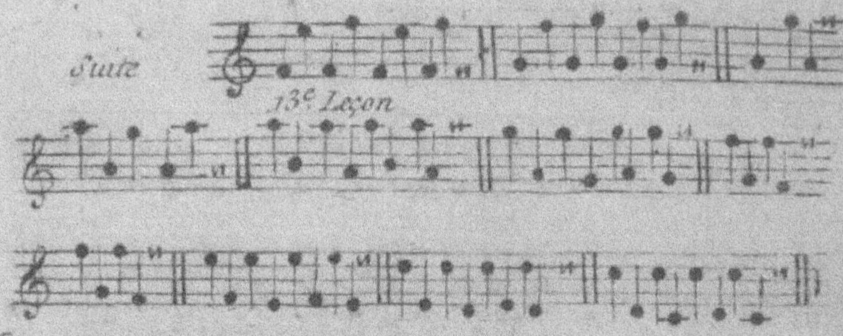

On retournera au N.° II pour redire la Game pendant deux Leçons et les petites parties suivantes comme on les a dites pour les répeter de nouveau et de meme deux autres fois. Game Mineure

4e Leçon
5e Leçon
6e Leçon
7e Leçon
8e Leçon

9.e Leçon

10.e Leçon

6.e 7.e

11.e Leçon

12.e Leçon

7.e 8.ve

13.e Leçon

On retournera au N.° IV. pour redire la Game Mineure pendant deux leçons et les petites parties suivantes telles qu'on les a dite pour les repeter toutes encore deux autres fois de même.

4.e Leçon

5.e Leçon

Mineur

N.o VI.

1.re Leçon

Final

chacune des ses petites parties 1. Minu.e

2.e Leçon

3e Leçon

4e Leçon

5e Leçon

Nº VII. Deux fois cette Octave Harmonique.
2 fois 7 Minutes cette Octave Chromatique
2 fois
2 fois 7. Minutes
ces quatre lignes pour 40 Leçons.
On ira à la page 38. rejouer 3 Leçons les
accords parfaits et l'on reviendra ici.
Nº VIII pour une Leçon.
une Leçon.
Final
8 Leçons
Jus qu'au Nº IX. les petites parties suivantes
blablement que celle ci-dessus et toutes les croches
Leçons

Leçons

Leçons

Leçons

Leçons

Leçons

Leçons

Leçons

N.° IX.

L'on fera toutes les Cadences pleines ou tremblemens cy-dessous de suite, et sur chaque ton indiqué, la Note commencante ces Cadences sera Ut naturel ou Dieze ainsi qu'on voit dans ces tons par le Guidon, Ce Nombre de Cadences de suite se joueront sur 7. tons differents

en retrogradant
Cadences Jettées
On fera alternativement l'une et l'autre de ces 2 Notes par tout où il y en aura.
Cadence doublée
Cadences feintes preparées Feintes coupées et

Finalles.
Cadences brisées
les pincés
Cadences
Martelement
Port de Voix
Port de voix
Port de voix feint
Port de voix feint
Coulés
Coulés

LEÇONS POUR CHANTER,

Ces Leçons se chanteront par les Sillabes, la, le, li, lo, lu.

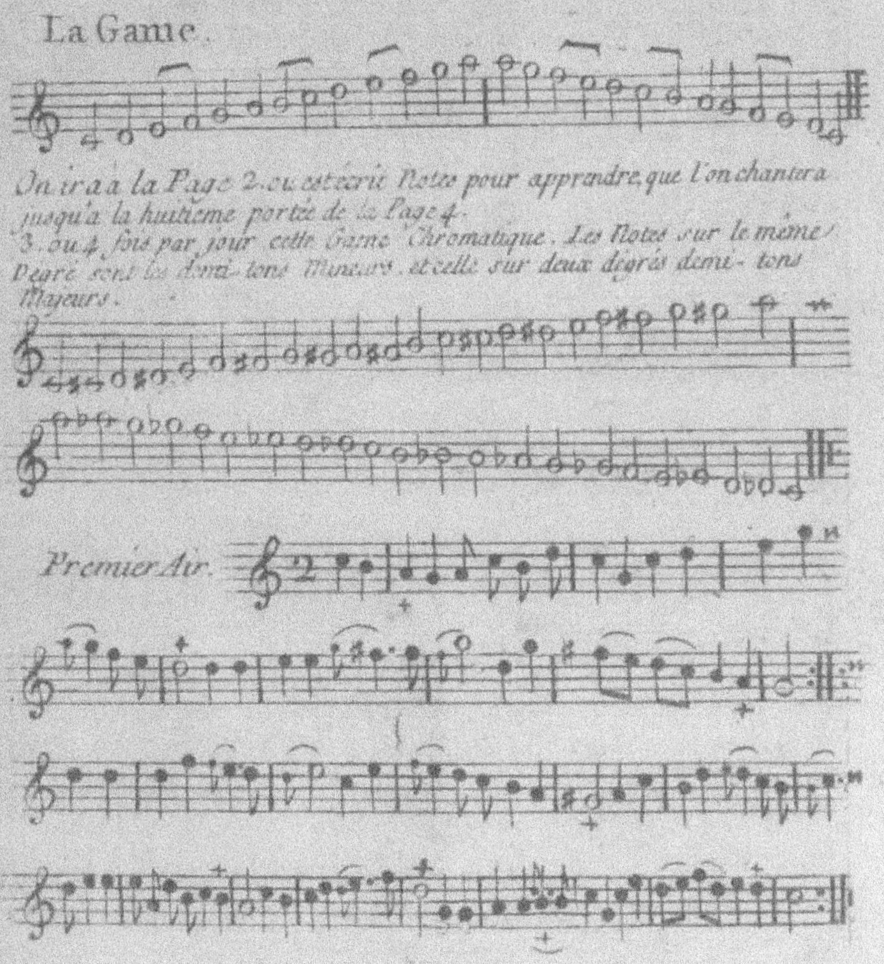

2.e Air

3.e Air

6.e Air
7.e Air
Fin

6e Air

7e Air

Fin

Mineur

Au P.r

8.e Air

9.e Air

Fin

10e Air

11e Air

12.e Air
Fin
13.e Air

14e Air
Fin

15.e Air
16.e Air

Modérement
Regnez regnez Esprit Di-
vin regnez sur tous les cœurs regnez regnez sur
tous les cœurs que leur Amour s'en flam- - - - - - - me,
au feu de vos ardeurs! qu'a votre gloire tout conspi- re
regnez sur tous les cœurs, regnez sur tous les cœurs, que leur A-
mour s'enflame, au feu de vos ardeurs! qu'a votre gloire tout cons-
lent
pi- re regnez - - - - - - - - - - regnez regnez sur tous les
Moderém.t
cœurs, regnez sur tous les cœurs que l'Univers en- tier n'aime que
votre Em-pi- re que l'Univers en tier n'aime que votre Empire
regnez sur tous les cœurs, que leur Amour s'en flame au feu de
vos ardeurs! qu'a votre gloire tout cons pi- re regnez
- - - - - - - - - - regnez regnez sur tous les cœurs

f. Leuré

Ruisseaux et fontaines! l'Amour de nos plaines benissez

seul a jamais, l'Auteur de vos bienfaits. ruisseaux et fon-tai-nes

l'amour de nos plaines, benissez seul a jamais l'Auteur qui vous

En

a fait Coulés murmurez pour lui rendre gloire, portez sa

f.

memoire, aux bords ignorez votre On-de naissante,

croissante, fuyante, qui baigne les lieux enchantés, vos ri

vages, vos ombrages, vos flots argentés, tout peint ses

un peu guai

f.

beautes. Goutez ames fer-

ven-te, goutés votre bonheur mais demeurez constantes,

dans votre sainte ardeur Heureux le coeur fidéle ou

régne la ferveur on posséde avec el-le tous les dons du

Seigneur tous les dons du Sei-gneur